Richard Deiss

100 Orte, 100 Worte

Neues aus der (W)Ortspielhölle

E-Mail-Adresse des Autors:
E-Mail: richard.deiss@gmail.com

Anregungen und Verbesserungsvorschläge sind willkommen und werden in der nächsten Ausgabe berücksichtigt.

Fotos im Buch: Autor.

Herstellung und Verlag: BoD - Books on Demand, Norderstedt
Zweite Auflage 2022, Originalausgabe

Printed in Germany

ISBN   978-3-7557-552-34

Bibliografische Information der Deutschen Nationalbibliothek
Die Deutsche Nationalbibliothek verzeichnet diese Publikation in der Deutschen Nationalbibliografie; detaillierte bibliografische Daten sind im Internet über http://dnb.d-nb.de abrufbar

Vorwort

In diesem Buch kommen verschiedene meiner Leiden-
schaften zusammen. Erstens reise ich viel, meist mit der
Bahn, und besuche dabei etliche Städte, vor allem in
Mitteleuropa. Eigentlich bin ich sogar Städtesammler.
Meist mache ich dabei Fotos, welche ich im Internet poste.

Dann spiele ich gerne mit Worten. Manchmal bietet sich
der Name einer Stadt für ein Wortspiel an und beim Posten
sieht man, ob es gefällt und verstanden wird.

Dann schreibe ich aber auch gerne Gedichte. Auf Anregung
einer Leserin des Manuskriptes habe ich deshalb an
manchen Stellen den wortspielerischen Untertitel zum
Städtenamen zu einem kleinen Gedicht ausgebaut.
Manchmal gibt es auch bestehende Redensarten, die sich
reimen und kleine Gedichte darstellen. So finden sich nun
unter einem Drittel der Ortsnamen kleine Gedichte.

Ich hoffe, das kleine Büchlein mit den (mittlerweile mehr
als) 100 Orten von Aachen bis Zwickau und den (über) 100
Worten ist für den Leser unterhaltsam. In der zweiten
Auflage habe ich folgende Orte neu aufgenommen:
Entringen, Gardelegen, Hannover, Hemmoor, Köln, Sande,
Schotten, Syke, Willebaldessen.

Weitere Neuauflagen sind geplant, um weitere Orte zu
ergänzen, auch wenn dadurch die Zahl von 100 weiter
überschritten wird. Anregungen von Lesern zu Orten und
Worten werden dabei dankend aufgenommen.

Berlin, im Januar 2022
Richard Deiss

Aachen

Mit Aachen (ohne Krachen) erster.
Auf die Uni und auf Karl den Großen
wird man hier fast überall stoßen.

Aachen ist eigentlich eine Bäderstadt und dürfte sich deshalb *Bad Aachen* nennen. Aber Aachen gibt nicht gern den Status auf, an erster Stelle im Städtealphabet zu stehen. Einst Pfalz Karls des Großen möchte man keine B-Stadt sein. Außerdem kommt das Bad im internationalen Kontext gar nicht so gut an. Im lokalen Dialekt ist man allerdings sogar eine O-Stadt (Oche). Aachen möchte nicht Bbchen sein, aber hier kuriert man gern Wwchen, könnte man sagen.

Aalst (Belgien)

Aal, Taal, Staal…

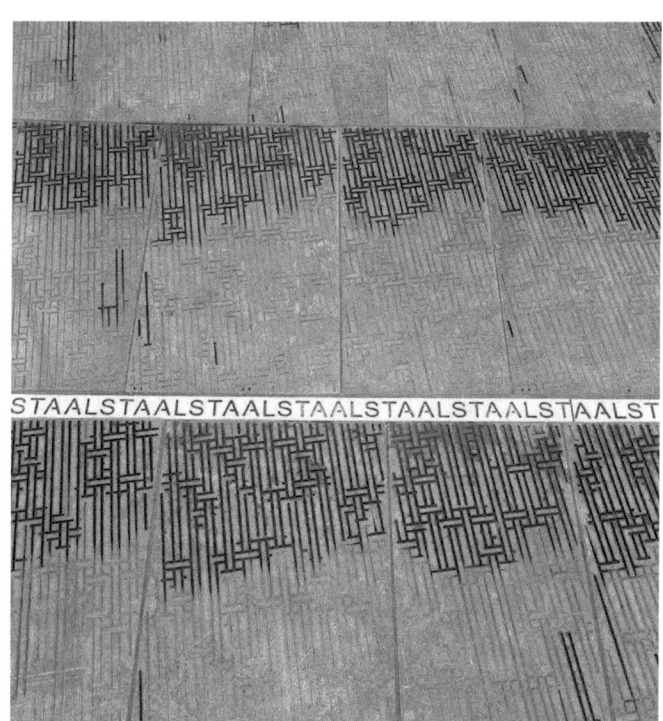

Das Bild zeigt ein Metallband auf dem Bahnhofsplatz der flämischen Mittelstadt Aalst (70 000 Einwohner) auf welchem sich der Name der Stadt bandwurmartig wiederholt. Zugleich ein Wortspiel, denn es sind folgende niederländischen Worte zu lesen:
AAL (aal)
TAAL (Sprache)
STAAL (Stahl)
Und natürlich der Name der Stadt.

Amsterdam

I amsterdam

In Amsterdam war früher an einem Teich hinter dem Rijksmuseum in großen rot-weißen Lettern der Schriftzug I amsterdam zu lesen. Der Slogan sollte bei Einheimischen und Touristen die Identifikation mit der Stadt stärken. Er war jedoch bei Touristen als Selfie-Hintergrund so beliebt, dass während der Coronapandemie die Buchstaben wieder abgebaut werden mussten, um eine große Menschenansammlung zu vermeiden. Manche kommentierten mit Bedauern `We amsterdamned´. Angesichts wachsender Bevölkerungsanteile mit Migrationshintergrund meinte einer, ob der nächste Slogan vielleicht Islamsterdam wäre.
Lange Stadtnamen werden in Unterhaltungen oft gemieden oder abgekürzt. Deshalb wird auch manchmal ein aus dem Hebräischen kommender Spitzname der Stadt genutzt, *Mokum*. Amsterdam steht auch für die liberale holländische Drogenpolitik. In der amerikanischen TV-Serie *The Wire* heißt ein Plan, Drogen zu entkriminalisieren, *Hamsterdam*.

Antwerpen

Hand werpen?

Silvius Brabo war ein mythologischer römischer Soldat, der einen Riesen tötete, woraus sich angeblich der Regionsname Brabant ableitete. Dieser Riese verlangte Geld für eine Überquerung der Antwerpener Scheldebrücke. Wer nicht bezahlen konnte oder wollte, dem schnitt der Riese die Hand ab und schmiss sie in den Fluss. Brabo drehte den Spieß um und schnitt dem Riesen die Hand ab und warf sie in den Fluss. Auf dem Rathausplatz von Antwerpen zeigt eine Plastik diese Szene, gekrönt von Brabo, die abgeschnittene Hand haltend. Manche meinen, der Name von Antwerpen leite sich vom Werfen (Ndl.: werpen) einer Hand ab. Nicht nur in der Brabo-Legende spielt der Fluss eine wichtige Rolle für die Existenz der Stadt. *Antwerpen verdankt die Schelde Gott und alles andere der Schelde*, sagt man in Antwerpen, denn ohne die Schelde gäbe es den Welthafen Antwerpen nicht.

Augsburg

Augsburger Puppenkiste, Pupsburger Augenkiste

Augsburg, in Römerzeiten Augusta Vindelicorum, gehört zu den ältesten deutschen Städten. Einst hieß es *Augsburgs Pracht, Nürnbergs Macht, Ulmer Geld regiert die Welt.*
Im Freistaat Bayern blieb Augsburg verglichen mit dem nahen München immer eine Provinzstadt. Der in Augsburg geborene Bertolt Brecht (1898-1956) sagte angeblich, das Beste an Augsburg wäre der D-Zug nach München.
Bekannt ist Augsburg auch für das Puppentheater Augsburger Puppenkiste (Urmel auf dem Eis). Manche veballhornen dies zu *Pupsburger Augenkiste.*
Weil hier der Zwetschgendatschi (Pflaumenkuchen) erfunden wurde, werden die Augsburger auch Datschiburger genannt. Als Textilstadt wurde Augsburg einst auch als bayerisches Manchester bezeichnet. Heute wäre man dies gerne im Fußball.

Bad Kissingen

Bad kissing

In der Nähe der unterfränkischen Stadt Bad Kissingen waren lange Zeit viele amerikanische Soldaten stationiert. Diese wunderten sich über den Namen der Stadt und erzählten dann zu Hause, in Deutschland gäbe es eine Stadt, die Bad Kissing (schlechtes Küssen) hieße. Seit 2021 findet sich die Stadt mit anderen Bäderstädten auf der UNESCO-Liste des Welterbes.

Baden-Baden

So nice, they named it twice

Baden-Baden ist eine noble Kurstadt und Alterswohnsitz vieler deutscher Millionäre. Innenstadt und Kuranlagen sind einen Tick feiner als in kleineren deutschen Bäderstädten. Zudem liegt Baden-Baden schön eingebettet in die Hänge des Schwarzwaldes.

Die Stadt liegt in Baden und um sie von anderen Städten mit diesem Namen zu unterscheiden (z.B. Baden bei Wien), hieß sie irgendwann Baden-Baden. Das fanden manche seltsam, aber ein Spruch hilft, den Namen zu verstehen: *So nice, they named it twice.*

Manche nennen die Stadt aus Witz auch *Waschen-Föhnen.*

Bayreuth

Beirut? (Beyrouth)

Was Bayreuth betrifft, fragt man sich, ob die Stadt nicht gelegentlich mit der von allen möglichen Katastrophen gebeutelten Stadt Beirut verwechselt wird. Tatsächlich gibt es eine Anekdote zu den Wagner-Festspielen, in der ein Teil eines aus England kommenden mechanischen Drachens statt nach Bayreuth nach Beirut (frz. Beyrouth) geliefert worden sein soll. Interessanterweise ist Bayreuth die einzige Mittelstadt, in welcher es gleich zwei Opern-spielstätten gibt, allerdings beide ohne Ensemble, so dass beide nicht zu den vollwertigen Opernhäusern gezählt werden. Das Markgräfliche Opernhaus war einst der Grund für Richard Wagner (1813-1883), sich hier anzusiedeln, abseits vom Trubel der bayerischen Hauptstadt. Doch da er das historische Opernhaus als nicht für seine Aufführungen geeignet fand, ließ er einfach ein neues bauen, exakt nach seinen Vorstellungen.
Übrigens wird Bayreuth auch *Kristallstadt* genannt. Die Nähe zur tschechischen Grenze bringt es mit sich, dass hier eine große Menge Crystal Meth umgesetzt wird.

Berlin

Be Berlin

Berlin wurde einst als Stadt des Geisteslebens (und klassischer Architektur) auch Spreeathen genannt, in neuerer Zeit wegen vieler Graffiti auch Spray-Athen.
Manche schreiben scherzhaft auch Bärlin. Doch der Name der Stadt ist wohl slawischen Ursprungs und hat nichts mit dem Wappentier zu tun.

Willi Kollo dichtete einst für die Operette `Frau ohne Kuss´
Das ist der Frühling,...,das ist der Frühling in Berlin
und wer kein Mädel hat,
dem hilft nur eine Stadt,
das ist Berlin, Berlin, Berlin.

Heute gilt Berlin eher als LGBT Hauptstadt Mitteleuropas.
☞Wenn man aus dem Namen der Stadt zwei Buchstaben streicht, ergibt das Bern, die Hauptstadt der Schweiz.

Bielefeld

Bielefeld- das gibt es doch gar nicht.

Gedenkstein in der Innenstadt Bielefelds

Es gibt den Spruch:
Und sehen wir uns nicht in dieser Welt
so sehen wir uns in Bielefeld.
Man könnte ergänzen:
Und sehn' wir uns nach Bielefeld,
so sind wir nicht von dieser Welt.

Im Jahr 1994 setzte der Informatiker Achim Held die Mutmaßung in die Welt, dass es Bielefeld gar nicht gäbe. Die Stadt lobte im Jahr 2019 einen Preis aus für den schlüssigen Beweis der Nichtexistenz der Stadt. Der Preis konnte nicht vergeben werden und so wurde in der Innenstadt ein Grabstein aufgestellt `Bielefeld-Verschwörung 1994-2019´.

Bitterfeld

Und seh´n wir uns nicht in dieser Welt,
so seh´n wir uns in Bitterfeld.

Dieser Satz stand schon zu DDR-Zeiten an einer Fliesen-
Fassade im Zentrum dieser Stadt. Diesen offiziellen Humor
hätte man der DDR fast nicht zugetraut. In der
Nachwendezeit stand Bitterfeld erst für eine Umwelt-
katastrophe, zum Beispiel durch das kontaminierte Restloch
eines Tagebaues, Silbersee genannt. Man war fast geneigt
zu dichten
Hoppa, hoppa Reiter
Bitterfeld, dann schreit er.
Später verband sich mit Bitterfeld die Hoffnung auf einen
Aufschwung durch die Solarindustrie (Solar Valley), die
allerdings schnell wieder zerplatzte.

14

Boppard

Kunststil im rheinischen Dialekt?

Als ich im Sommer 2021 nach Boppard fuhr, postete ich den Stadtnamen in einer Wortspielgruppe mit dem Kommentar, das wäre ein Kunststil im rheinischen Dialekt, was immerhin 20 Personen witzig fanden. Ansonsten hatte ich mal einen Kollegen mit ähnlichem Nachnamen und musste daran denken, wenn ich mit dem Zug an der Stadt vorbeifuhr. Der Komponist mit dem seltsamen Namen Engelbert Humperndinck (1854-1921, Oper `Hänsel und Gretel, ein britischer Sänger, *1936, heißt ebenso) lebte ein paar Jahre in Boppard, deshalb steht ein Denkmal für ihn (mit Hänsel und Gretel-Opernmotiven) am Bahnhof. Ein Popart-Künstler kam jedoch nicht aus der Stadt.

Bouillon (Belgien)

Wann lebte Gottfried von Bouillon?
Als er nichts anderes mehr zu essen hatte.

Gottfried von Bouillon lebte von 1060-1100, sein Name hängt mit der südbelgischen Stadt Bouillon zusammen. Bouillon ist aber auch eine klare Suppe (von frz. bouillir, kochen), Grundlage für das Wortspiel, einer der ersten ortsnamenbezogenen Witze, welche ich las. Im Oktober 2021 besuchte ich Bouillon und postete den Witz in einer Wortspielgruppe, wo er aber nur zwei `gefällt mir´ auslöste.

Buxtehude

Geh doch nach Buxtehude.
`Ich bin schon da´.

Besonders in Süddeutschland hat Buxtehude einen exotischen Klang und ist Inbegriff für eine abgelegene Stadt. Dabei ist sie durch eine S-Bahn mit Hamburg verbunden. Buxtehude ist aber auch eine Hansestadt und eine Märchenstadt, bekannt durch den Wettlauf zwischen Igel und Hase (Ick bün all hier, ich bin schon hier).

Castrop-Rauxel

Wanne-Eickel auf Lateinisch.

Im Ruhrgebiet gibt es den Witz, Castrop-Rauxel wäre der lateinische Name von Wanne-Eickel (heute Stadtteil von Herne). Seltener wird er durch die Behauptung ergänzt, die englische Version wäre Kamp-Lintfort. Vielleicht könnte man Velbert-Neviges (im Bergischen Land, knapp außerhalb des Ruhrgebietes) als französische Version ansehen.

Dann gibt es noch den Ruhrgebietswitz *Lieber ein Kasten Bier als ne Wanne Eickel.* Zu dieser Stadt gibt es sogar ein Lied `Der Mond von Wanne-Eickel´ (von Friedel Hensch & Die Cyprys, 1962).

Celle

Ein Celler

Ein Celler, das klingt fast wie Einzeller. Celle war einst bekannt durch das Celler Loch, welches 1978 vom Verfassungsschutz in eine Strafanstalt gesprengt wurde mit dem Ziel, den Verdacht auf Terroristen zu lenken. Dahinter befand sich wohl eine Zelle.

Cottbus

Der Cottbusser Postkutscher putzt den Cottbusser Postkutschkasten.

Universitätsbibliothek Cottbus (Architekten: Herzog&Meuron).

Cottbus ist die Stadt des oben zitierten Zungenbrechers. Außerdem leben hier Angehörige der slawischsprachigen Minderheit der Sorben. Deshalb hat Cottbus zwei Namen. Auf Sorbisch heißt die Stadt Chosebuz.
Bis 2018 wurde der Cottbusser Bahnhof saniert. Seit Dezember 2018 trägt er die Bezeichnung Hauptbahnhof. Cottbus ist seither noch besser per Bahn erreichbar, eine Umbenennung in Cottbahn ist jedoch nicht geplant.

Darmstadt

Darmstadtium

Am Darmstadtium

Ein irischer Kollege meinte einmal, `Darmstadt is a city that is named after intestines´ (Darmstadt ist eine Stadt, die nach dem Darm benannt wurde). In Wirklichkeit ist die Etymologie des Stadtnamens unklar. Auf jeden Fall ist die Wissenschaftsstadt Darmstadt die einzige deutsche Stadt, nach welcher ein Element benannt wurde (Darmstadtium, Atomnummer 110). Die Stadt ist Sitz wichtiger Software- und Pharmafirmen, wächst und ist sicher keine Armstadt. Darmstadt wird scherzhaft als Teil des Verdauungsdreiecks bezeichnet (Essen-Darmstadt-Pforzheim). Und vor dem Anus Mundi kommt ja auch der Darm.

Datteln

Kohlekraftwerke viel CO_2 ausspucken,
Datteln IV deshalb schwer zu schlucken.

Datteln ist bekannt für sein Kohlekraftwerk Datteln IV.
Dabei muss man an vier Datteln denken. Für viele Gegner
ist Datteln schwer zu schlucken, weil Kohlekraftwerke
besonders viel CO_2 ausspucken. Sicher gibt es in der Stadt
auch Spielhöllen, wo man daddeln kann.

Dortmund

Morgens um acht steht ein Zelt noch in Dortmund
(Big Tipi auf Fredenbaum Grund).

Der Mittelpunkt von NRW liegt in Dortmund (Applerbeck).

Manchmal wird Dortmund als *Hiernase* veralbert. Die Anhänger des Fußballrivalen Schalke sagen auch Lüdenscheid Nord, um den Namen der Stadt nicht aussprechen zu müssen. Schalke (Gelsenkirchen) wird von den Dortmundern wiederum als Herne West bezeichnet.
Dortmund war einst eine Bier- und eine Stahlstadt. Bier wird in der Stadt nur noch wenig und Stahl gar nicht mehr produziert. Dortmund ist jedoch weiterhin Fußballmetropole. Im Jahr 2000 wurde nach dem Ende der Weltausstellung ein riesiges Tipi-Zelt der Expo-Hannover in Dortmund aufgestellt. Das löste den obigen Spruch aus, angelehnt an das Buch `Morgens um acht ist die Welt noch in Ordnung´.

Dresden

Dresden dahin, dresd´n dorthin, es leipzich alles gleich.

Seit der Wende hat sich der sächsische Dialekt der Landes-
hauptstadt zugunsten des Hochdeutschen allerdings abge-
schliffen. Als Stadt der Kunst und Kultur trägt Dresden seit
langem den Beinamen *Elbflorenz*. Zu DDR-Zeiten wurde
ARD auch als *Alles außer Dresden* gelesen und, weil man
hier kein Westfernsehen empfangen konnte, die Region *Tal
der Ahnungslosen* genannt.

Düsseldorf

Wärst du doch in Düsseldorf geblieben,
Tschüsseldorf, grad nach Belieben.

Düsseldorf hat Ambitionen, eine internationale Metropole zu sein oder zu werden und setzt dabei auf gewollt spektakuläre Architektur. Gern setzt man sich vom als siechend empfundenen Ruhrgebiet ab. Während dort die Bevölkerung eher schrumpft, wächst Düsseldorf weiter. Allerdings herrscht in Düsseldorf ein beständiges Kommen und Gehen. Viele verlassen die Stadt mit ihrem hohen Preisniveau auch schnell wieder. Daher auch der Beiname Tschüsseldorf. Manche bedauern schnell den Weggang. *Wärst du doch in Düsseldorf geblieben* war ein Song von Dorthe Kollo aus dem Jahre 1968. In seiner Karte Neues Deutschland verballhornt Gerhard Seyfried die Stadt zu *Dusseldorf.*

Eisleben

(Sch)Eisleben

Der Reformator Martin Luther (1483-1546) wurde in Eisleben geboren und er starb dort auch. Zurecht darf sich Eisleben deshalb Lutherstadt nennen.
Einmal hatte ich die Idee, am Bahnhofsschild der Stadt die Buchstaben SCH vor den Stadtnamen hochzuhalten. Dies hätte den Namen der Stadt auf eine interessante Weise ergänzt. Gerhard Seyfried nannte die Stadt in der 1990er Version seiner Karte Neues Deutschland *Aufreisleben*.

Entringen

Ein Entrinnen gibt es nicht, aber Entringen.

Entringen wir diesem Ort sein Geheimnis? Ist Entringen der
ideale Ort, eine(r) Ehe zu entrin(n/g)en, vor allem mit
einem ent-täuschenden schwäbischen `Entaklemmer´? Ente
gut, alles gut.

Erlangen

Erkenntnisse Erlangen

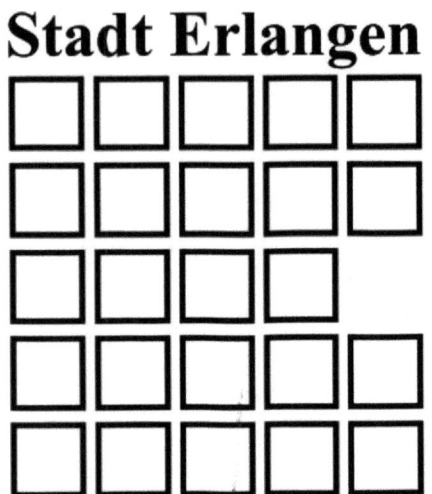

Stadtsignet (Quelle: Wikipedia)

Erlangen hat eine große Universität. Man kann hier die Weisheit förmlich erlangen. Wegen der vielen Studenten ist Erlangen auch eine Fahrradstadt. Erlangen war zudem historisch eine Hugenottenstadt und der Stadtgrundriss der Innenstadt zeigt deutlich eine Planstadt. In der Berliner Band *Foyer des Arts* sang der Schriftsteller Max Goldt (*1958) 1982 über *Wissenswertes über Erlangen* (schon wieder geht es um Wissen), Textauszug: *Hier links ist eine Kirche, sie wurde erbaut in der Vergangenheit, von einem Baumeister aus dem Sauerland...*

Essen

Wenn Essen so aussieht...

Es gibt den bösen Spruch: `*Wenn so Essen aussieht, wie sieht dann Kotzen aus'*?
Oder `*Deine Zähne sind wie Bochum und Duisburg. Da ist noch Essen dazwischen'*.
Essen ist auch Teil des Verdauungsdreiecks (Essen-Darmstadt-Pforzheim). Einmal hatte ich eine Kollegin, die aß sehr gerne. Deshalb brachte ich ihr einen Kühlschrank-magneten aus Essen mit I ♥Essen.

Ewigkeit

Ewigkeit stand davor,
wie Ewigkeit kam es mir vor.
Lang blieb ich hier hängen,
denn ewig, das hat Längen.

Eine Ewigkeit kommt es mir vor, dass ich im Allgäuer Ort
Ewigkeit war. Es war ein klarer Wintertag, die Sonne
schien und es hätte ewig so weitergehen können. Denn ewig
währt am längsten.

Finsterwalde

Aus dem Finsterwalde komm ich her,
hier Dunkelbuscht's schon sehr.
Wenn nicht das Sängerfest noch wär'.

Schloss Finsterwalde

Auch als Dunkelbusch verspottet, hat eine in der brandenburgischen Peripherie gelegene Stadt mit einem solchen Namen natürlich Probleme, Neubürger anzuziehen. Man versucht es über das Finsterwalder Sängerfest, anknüpfend an das Finsterwalder Sängerlied aus dem späten 19. Jahrhundert, und den sich so ableitenden Beinamen Sängerstadt, den Stadtnamen freundlicher erscheinen zu lassen. Schlau, es sind eben keine Pfeifen in Finsterwalde.

31

Frankenberg (Eder)

`Das Beste zwischen Himmel und Eder´,
so floss es aus der Sloganfeder.

Rathaus von Frankenberg

Einmal hatte Frankenberg das Motto, *`Das Beste zwischen Himmel und Eder´*.

Abgesehen vom unglaublich bizarr-beeindruckendem Rathaus, mit seinem eher satanischen Aussehen, ist die Stadt eher arm an Sehenswürdigkeiten und himmlischer Atmosphäre.

Man könnte jetzt sagen, eh der Eder über die Ufer tritt, aber es ist die Eder. Nie schiffbar war die Eder, Nebenfluss der Fulda, keine (Verkehrs)Ader der Stadt.

Frankfurt (Main)

Bankfurt, Mainhattan
am Ufer des Main
sollen es viele Beinamen sein.

Frankfurt hat viele Beinamen, welche im Laufe der Zeit auch wechselten. Krankfurt, Bankrottfurt und Punkfurt sagt man heute kaum mehr. Mainhattan noch öfters, die Wolkenkratzeransammlung wächst ja weiter. *Big Äppler* verbindet den Big Apple mit dem hier getrunkenen Äppelwoi. Bankfurt trifft es noch, obwohl das Bankgewerbe in seiner Bedeutung schrumpft.
Im Englischen macht Frankfurt (Main) zudem Sinn, es gibt ja auch ein Frankfurt an der Oder, aber das in Hessen ist ja das Hauptfrankfurt.

Frankfurt (Oder)

Slubfurt

Frankfurt oder- was? Denkt man beim Stadtnamen. Weil hier Heinrich von Kleist geboren wurde, nennt sich Frankfurt auch Kleiststadt, während Frankfurt am Main Geburtsstadt des noch bedeutenderen Goethe ist.

Der Aktionskünstler Michael Kurzwelly (*1963) hat den Begriff Slubfurt kreiert, die Kombination von Frankfurt mit der am Ostufer der Oder gelegenen polnischen Stadt Slubice.

Fucking/Fugging

Fucking hell (Biersorte)

Im Juni 2015 fuhr ich extra in die oberösterreichische Ortschaft Fucking, welche zur Gemeinde Tarsdorf gehört, um das Ortsschild zu fotografieren. Dieses wurde angeblich so oft gestohlen, dass der Ort eine Umbenennung beschloss. Diese wurde schliesslich Anfang 2021 umgesetzt und so heißt der Ort nun, so wie man ihn eigentlich schon immer in der örtlichen Intonation ausspricht. Mit dem Frieden war es aber zu Ende, als nach dem Zweiten Weltkrieg amerikanische Soldaten den Ort erreichten und erstmal über den Namen lachen mussten.
Zeitweise wurde im Ort das Bier *Fucking hell* produziert.

Gardelegen

Jeder fühlt sich jung und kräftig
auch der Älteste möchte sich
nicht zur Alten Garde legen
wie bei uns in Gardelegen (Otto Reutter).

Der deutsche Humorist Otto Reutter (1870-1931), in Garde-
legen (Sachsen-Anhalt) als Otto Pfützenreuter geboren und
in Düsseldorf gestorben, schrieb in einem Gedicht über
Berlin die obigen Zeilen und vergleicht es mit Gardelegen.

Fürth

Besser Fünfter als Fürther.

Wer nichts wird wird Wirt in Fürth (fränkisch: *wer nix werd werd Werd in Ferd*).

Die Blätter im Kleeblatt des Fußballvereins Greuther Fürth sind jedoch nur zu dritt, vielleicht würde ein viertes Blatt der Mannschaft mehr Glück bringen. In der Saison 2021/22 ist der Verein in der 1. Bundesliga stark abstiegsbedroht. Der örtliche Rivale 1. FC Nürnberg schafft seit langem keinen Aufstieg in die erste Liga. Was die Eisenbahn betrifft, waren beide Städte einst führend. Die erste deutsche Eisenbahn führt 1835 von Nürnberg nach Fürth.

Geilenkirchen

In Geilenkirchen

In Geilenkirchen gibt es keine geilen Kirchen, aber immerhin wird jetzt in der Bahnhofsunterführung erklärt, woher der seltsame Name der Stadt kommt. Der Name ist trotzdem geiler als der von Gelsenkirchen.

Gent (Belgien)

Gent-rifizierung

Bei Gent bietet sich das Gentrifizierungs-Wortspiel an. Richtig gentrifiziert ist Gent eigentlich nicht. Dafür ist die Stadt zu klein und das Altstadtgebiet zu groß. Gent kann auf jeden Fall mit einem der eindrucksvollsten mittelalterlichen Stadtbilder aufwarten. Zur Weltausstellung 1913 wurde die Stadt gentifiziert, neogotische Gebäude wie die Alte Post und dem Mittelalter nachempfundene Architektur historisierten das Stadtbild. Gent sollte auf die internationalen Besucher Eindruck machen. Und das macht die Stadt noch heute. Von der Brücke an der neogotischen Alten Post sieht man mehrere graue Türme imposant aufgerciht, vom Belfried bis zur gotischen Kathedrale.

Gießen

Es gießt in Strömen und es strömt in Gießen,
viel Wasser wird die Lahn runterfließen.

Gießen liegt an der Lahn. Manche meinen, es läge an der Bahn, denn wenn man aus dem Bahnhof kommt, sieht man nichts vom Fluss. Die Universitätsstädte Gießen und Marburg sind für eher schlechtes Wetter bekannt. In Marburg regnet es oder es geht bergauf. Und wenn es in Strömen gießt, strömt es in Gießen.

1977-1979 waren die benachbarten Städte Gießen und Wetzlar zur Stadt Lahn verschmolzen worden. Doch Nachbarstädte sind oft Rivalen. Beide Städte wehrten sich deshalb gegen die Fusion (es gab bereits das Autokennzeichen L) und was nicht zusammengehört wurde 1979 wieder getrennt.

Göttingen

Die Göttinger Sieben

Die Göttinger sieben. Haben die nichts Besseres zu tun?
Auf jeden Fall haben sie das Denkmal versiebt.

Das 2015 eröffnete Denkmal, gestaltet durch die Berliner
Bildhauerin Christiane Möbus (*1947), lehnt sich an die
Gestaltung des Standbildes vor dem Hannoveraner Haupt-
bahnhof an. Doch in Göttingen gibt es keine Bronzestatuen,
der Sockel bleibt leer. Die Namen der sieben, plus der der
Künstlerin, sind jedoch an der Seite zu lesen.

Graz

Graz darf alles,
Graz hat´s: Stalingraz.

Im September 2021 gewann in Graz überraschend die Kandidatin der Kommunistischen Partei Österreichs (KPÖ) Elke Kahr die Bürgermeisterwahl. Spötter bezeichneten die Stadt daraufhin als *Stalingraz. Graz darf alles*, so ein Slogan der Stadt, ist wohl wörtlich zu nehmen. Und *Graz hat´s* (ehemaliger Werbeslogan der Stadt Graz). Ein anderer Slogan ist Graz, Königin der Herzen. So gewann wohl Elke Kahr die Wahl.
Die Steiermark hat Graz und Wien hat das Grätzel, in welchem man wohnt.

Habenichts

Habenichts verloren hier.

Habenichts ist ein Ortsteil der bergischen Stadt Wermels-
kirchen. Die Bewohner sind jedoch keine Habenichtse,
denn so arm ist der Ort auch wieder nicht. Zu sehen gibt es
im Ortsteil allerdings nicht viel. Habenichts verloren hier,
dachte ich bei einem Besuch im Herbst 2020.

Halle (Saale)

Hallenser, Halloren, Hallunken,
die Alteingesessenen unken.

Es gibt mehrere Städte, welche Halle heißen, zum Beispiel in Westfalen oder Belgien. Die Saalestadt ist jedoch die größte von ihnen und hat eine schöne historische, im Krieg kaum zerstörte Altstadt vorzuweisen. *In Halle werden die Dummen nicht alle*, sagte man einst. Die Alteingesessenen werden auch Hallenser genannt, die Mitglieder der Salzwirkerbruderschaft Halloren, und die Zugezogenen, spaßeshalber, Hallunken. Lange wurde der Hauptbahnhof von Halle, ein Inselbahnhof, umgebaut. Auch die Akustik wurde verbessert, auf dass es im Bahnhof nicht halle.

Hannover

Re von nah- vorwärts nach weit.

Eine Gedenktafel an seinem Geburtshaus in der Rumann-straße zeigt Kurt Schwitters´ Verbundenheit mit seiner Heimatstadt Hannover. Ihren Namen drehte er um zu *re von nah*, und verkehrte dies zu *vorwärts nach weit*.
Hannover mit seiner hohen Lebensqualität, wird oft unterschätzt, wie im Spruch *Nichts ist doofer als Hannover*. Für solche Bemerkungen sollte gelten: *It´s over, jokes on Hannover*. Wenn man an einer Hochstraße am Bahnhof das Kunstwerk von hängenden Betonautos sieht, muss man zudem denken: *Hangover in Hanover*. Im Fußball gibt es eine Rivalität mit Braunschweig. Um den Namen des gegnerischen Vereins zu vermeiden, sagen Fans auch Peine-West (Hannover) und Peine-Ost (Braunschweig).

Haste

Haste, haste Haste nicht gesehen.

In Haste (Region Hannover) kann man nicht den Zug verpassen, denn auf dem Bahnhofsschild steht Haste ☺. Als ich das postete kommentierte jemand `Haste mal ´ne Mark´? ein anderer `Haste den Zug noch erwischt´?

Hemmoor

Wohnen hier die Hemmooriden?

Dieser Ort geht deshalb keinen am A. vorbei

Hünfeld

Wo die Liebe Hünfeld
Und findest gar nicht du 'se
So fand sie doch der Zuse
in dieser kleinen Rechnerstadt
er nicht damit gerechnet hat.

Der Berliner Computererfinder Konrad Zuse (*1910) lebte von 1957 bis zu seinem Tod im Jahre 1995 in Hünfeld. Ich hatte mal eine Kollegin, die hat Anfang der 90er Jahre noch einen Vortrag von ihm an der ETH Zürich gehört.

Huy (Tihange)

Vorne Huy und hinten Pfui.

Hinter der an der Maas gelegenen Stadt Huy liegt der Ort Tihange, Standort eines bis nach Aachen gefürchteten alternden belgischen Atomkraftwerkes. Der Spruch *Vorne Huy, hinten Pfui*, liegt auf der Hand.

Isny

Isny Süßen Kuchen,
das sollst du nie versuchen.

Isny, Süßen und Kuchen sind drei Orte in Württemberg.
Isny, wo ich geboren bin, ist ein fast untypischer deutscher
Städtename, so könnte auch ein Ort in Frankreich heißen.
Außerdem klingt er ein bisschen nach Disney.
In einem Bericht über die Gebrüder Immler, zwei
wohlhabende Immobilienmagnaten der Stadt, nutzte der
Spiegel denn auch den Begriff Isnyland.

Kassel

Ab nach Kassel,
die documenta niemand vermassel´.
Ist nur alle 5 Jahre,
einen Ausfall, bewahre.

In Kassel unterscheidet man zwischen Zugezogenen, den Kasselern, denen, die in Kassel geboren sind, aber weggezogen, den Kasselanern, und den in Kassel Gebürtigen und dort noch Wohnenden, bzw. den Alteingesessenen, den Kasselänern.
In Kassel findet alle 5 Jahre die bedeutende Kunstausstellung documenta statt. Man denkt dabei an den Spruch `Ab nach Kassel´, der seit 1770 belegt ist (damals wurde die Stadt übrigens mit C geschrieben). Der bedeutet jedoch, einen Schlusspunkt setzen, jemanden nach Hause schicken. Hoffentlich passiert das pandemiebedingt nicht mit der documenta 2022.

Kleve

Früher waren die Einwohner Clever
und was man um die Stadt so fand
das war das Cleveland.

Früher wurde der Name der Stadt mit C geschrieben.
Damals waren die Einwohner halt Clever. Acht Leute
fanden das Statement als Internetposting gut, einer meinte
`Und rundherum war Cleveland´.
Im Karneval gilt dann, Kleve und Kleve lassen.
Früher war Kleve auch die Stadt der Elefanten-
Kinderschuhfabrik.

Köln

DATIS
NEPIS
POTUS
COLONIA

Am Römisch-Germanischen Museum in Köln

Das vermeintliche Latein ist Küchenlatein bzw. Rhein-
ländisch: *Dat is ne Pispot us Colonia.* Kölscher Humor
eben.   Köln ist angeblich die nördlichste Stadt Italiens.
Über Düsseldorf lacht die Sonne, über Köln die Welt. Oder
andersherum, denn die beiden Städte sind Rivalen.

Konstanz

Konstanz, Konstanz am Bodensee.

Das Wort Konstanz hat schon zu Missverständnissen geführt. Ich erinnere mich noch an den Schul-Chemie-unterricht, in dem ein Mitschüler die Lehrerin fragte, was mit Konstanz gemeint sei. Sie antwortete scherzhaft `Konstanz ist eine Stadt am Bodensee´.
Konstanz hat ein geschlossenes historisches Stadtbild. Stadt Konstanz als Stadtkonstanz ohne die Brüche kriegszer-störter Städte. Das lag auch an der Nähe zur Schweizer Grenze. Die Stadt wurde nachts beleuchtet, so dass die Bomberpiloten dachten, sie läge in der Schweiz. Nachdem sie Schaffhausen bombardiert hatten, konnten sie sich eine weitere Fehlbombardierung einer schweizerischen Stadt nicht leisten.
1414-18 tagte in der Stadt das Konstanzer Konzil, um über Religionsfragen zu entscheiden.

Kupferdreh (Essen)

Essener Stadtteil mit zwölf Beinen,
man wird wohl drei Tiere damit meinen.

Welches ist der Essener Stadtteil mit den 12 Beinen? Als
ich ein Bahnhofschild in einer Wortspielgruppe im Internet
postete, meinte ein Leser `der hat eine Weile gedauert´.
Manche realisierten jedoch schnell, dass drei Huftiere (Kuh,
Pferd, Reh) im Namen enthalten sind.

Leer

Leer ist es dort selten,
der Ort kann als sehenswert gelten.
Voller Ostfriesen,
die Backsteinseeligkeit genießen.

Leer ist oft voller Ostfriesen. Damit die Einwohner nicht mit den Lehrern verwechselt werden, sagt man zu ihnen Leeraner. Viele Touristen sagen dennoch Leerer.

Die Stadt ist attraktiv trotz des Spruches `*in Aurich ist´s schaurich, in Leer noch viel mehr, doch will Gott einen wirklich bestrafen, so schickt er ihn nach Wilhelmshaven´*. Und besonders zu Weihnachten ist Leer voll.

Letter (Seelze)

Send me a letter, but don't send me to Letter,
I think that the latter is better.

Letter ist ein Ortsteil der etwas seelenlosen Stadt Seelze bei Hannover. Als ich diese im September 2021 besuche und nicht viel Sehenswertes entdecken kann, sehe ich aus dem Zugfenster später immerhin das Stationsschild von Letter und kann den oben aufgeführten Satz in einer Wortspielgruppe posten, was immerhin ein paar likes generiert.

Leverkusen

Und kann er einen nicht verknusen,
schickt er ihn nach Leverkusen.
Dort an diesem End der Welt
ist man ewig kaltgestellt.

Museum Morsbroich, Installation im Park

Den Reim oben verwendeten früher Chemiearbeiter, welche von Wuppertal nach Leverkusen versetzt wurden.
Fast bekannter als die Stadt Leverkusen ist ihr Fußballverein. Viele wissen vielleicht noch, dass hier eine bedeutende Chemiefirma ihren Sitz hat (Bayer), mit dem weithin sichtbaren Bayer-Kreuz.
Der örtliche Fußballverein gehört zu den erfolgreicheren der Bundesliga. Ein bisschen klingt der erste Teil des Namens ja auch nach Bayern. Manchen galt der Verein auch schon als *Cleverkusen*. Auch manche Lokalpatrioten sagen zu ihrem Ort spaßeshalber Cleverkusen. Bayer Leverkusen spielt wiederum in der BayArena, ebenfalls ein kleines Wortspiel.

Liège (Lüttich)

Den Bahnhof von Lüttich
den hüt´ ich
wie einen Schatz,
denn Calatrava hat´s.

2007 wurde der vom spanischen Stararchitekten Santiago Calatrava (*1951) entworfene Bahnhof Liège-Guillemins endlich in Betrieb genommen. Das Vorhaben war begleitet von Kostensteigerungen und langen Bauverzögerungen. Die Bewohner nannten den nicht fertig werdenden Bahnhof zeitweise *Liège-Guillemets* (Lüttich in Anführungszeichen). Im Deutschen könnte man die Mär von den einzuhaltenden Bauzeiten und Kosten mit dem Satz kommentieren `Liege haben kurze Beine´.

Lingen

In allen Dingen
in Lingen
gutes Ge- und T. Lingen.

Bei Lingen muss ich immer an den Schauspieler Theo Lingen denken (1903-1978), als Franz Theodor Schmitz in Hannover geboren, nannte er sich nach der Geburtsstadt seines Vaters. Am Bahnhof von Lingen ist heute ein Platz nach ihm benannt. Alte Backsteingewerbebauten hinter dem Bahnhof beherbergen heute die Fachhochschule. Man wünscht den Studenten in Bezug auf ihr Studium gutes geLingen.

Linz

In Linz beginnt´s

In Linz beginnt´s, sagt man. Aber was beginnt hier eigentlich? Die Provinz oder in der Kulturstadt Linz das Ende davon? Im übrigen Österreich hat Linz oft den Ruf, eine eher unattraktive Industriestadt zu sein (Stahlindustrie). Ein Wiener Kollege kommentierte `In Linz stinkt´s´. Einmal kam ich am Bahnhof an und las dort den Slogan *Land der Mooglichkeiten* (OÖ steht für Oberösterreich, dessen Hauptstadt Linz ist). Der Komponist Anton Bruckner (1824-1896) war 1855-1868 Domorganist in Linz. Obwohl er viel länger in Wien lebte, reklamiert Linz den Titel *Brucknerstadt*.

☞Linz ist die einzige Stadt, welche sowohl am Rhein als auch an der Donau liegt ☺. Das rheinländische Linz, auch *bunte Stadt am Rhein* genannt, ist jedoch viel kleiner und weniger bekannt.

Lohne

Ob ein Besuch sich lohne?
Lohne ist nicht ohne.

Lohne ist eine kleine Stadt im westlichen Niedersachsen. Lohne sich ein Besuch, fragt man sich. Ja, wenn man nicht allzu viel erwartet, ist man mit dem überschaubaren und freundlichen Stadtzentrum zufrieden. Denn Lohne ist nicht ohne, auch einen Bahnhof hat die Stadt.

Madrid

MAD (Airport-Kürzel)

Die spanische Hauptstadt liegt seit Jahrhunderten unver-
rückt im geographischen Zentrum des Landes. Dennoch
gilt, *you cannot get of the mad rid*. Denn sogar das Airport-
Kürzel ist MAD.
Dabei sagt man auch *de Madrid al cielo,* von Madrid geht
es gleich in den Himmel, weil keine Stadt besser sei.

☞Eine verrückte Stadt ist auch Kiruna im hohen Norden
Schwedens. Wegen des Erzbergbaus unter der Stadt soll das
Zentrum, Gebäude für Gebäude, um mehrere Kilometer
verrückt werden.

Mainz

Mainz bleibt Mainz, wie es singt und lacht.
und hat aus mir einen Meenzer gemacht.

Hauptbahnhof von Mainz

Wiesbaden und Mainz sind Rivalen (beides Hauptstädte ihrer Bundesländer). *Das Beste an Wiesbaden ist der Bus nach Mainz*, oder das *Beste an Wiesbaden ist der Blick nach Mainz*, sagt man in der Domstadt. *Wiesbaden ist nicht Mainz (meins)*, und *Mainz ist Mainz (meins) und bleibt Mainz*. Mainz, wie es singt und lacht, eine Karnevals-hochburg. Trotz starker Kriegszerstörungen hat die Mainzer Altstadt Atmosphäre. Zugezogene werden hier Mainzer genannt, in Mainz Geborene und dann Weggezogene Määnzer, Alteingesessene dagegen Meenzer. Obwohl die Stadt den Main im Namen führt, fließt dieser in Wiesbaden in den Rhein, allerdings im Stadtteil Mainz-Kostheim, der früher zu Mainz gehörte, nach dem Krieg aber, weil östlich des Rheins gelegen, Wiesbaden zugeschlagen wurde.

Marl

Les fleurs du Ma(r)l.

Am brutalistischen Rathaus der Ruhrgebietsstadt Marl, in welchem auch das Skulpturenmuseum Glaskasten untergebracht ist, prangt seit 2014 der Charles Baudelaire (1821-1867) Buchtitel `Les fleurs du mal´ (die Blumen des Bösen) in großen Buchstaben an der Fassade. Diese Aktion geht auf den Düsseldorfer Konzeptkünstler Mischa Kuball zurück. Unten an der Freitreppe wurde auch eine große graue Vase angebracht, die von den Bürgern tatsächlich immer wieder mit Blumen gefüllt wurde. Man denkt nach und versucht Mal als Marl zu lesen. Marl ist übrigens auch das englische Wort für Mergel. Und im benachbarten Recklinghausen durfte früher am Bahnhof keine Marlboro-Werbung aufgehängt werden, damit Fahrgäste nicht dachten, sie wären jetzt in einem Stadtteil von Marl.

Meiningen

Meiningen hat kein Theater,
Meiningen ist ein Theater.

Theater Meiningen

In der Theaterstadt Meiningen (20 000 Einwohner) gibt es
den obigen Spruch. Bahnmitarbeiter sagen Meiningen hat
kein (Dampflok-)Ausbesserungswerk, Meiningen ist ein
Ausbesserungswerk. Meinungen zu Meiningen also.
Das örtliche Theater, in welchem sogar Opern aufgeführt
werden, beeindruckt durch repräsentative klassische Archi-
tektursprache, welche man sonst in wesentlich größeren
Städten findet.
Kein Wunder, dass mit *Mein Meiningen* öfters für die Stadt
geworben wird.

Meppen

In Meppen, wo die Bären steppen,
...wo Klinkersteine Plätze peppen.

Als Schalke 1988 vor dem Abstieg aus der 1. Bundesliga stand, meinte der Torwart Toni Schuhmacher `*Ich spiel doch nicht in Meppen'*, damals Inbegriff einer provinziellen Zweitligakleinstadt. Mittlerweile ist Schalke schon wieder in die Zweite Liga abgestiegen, Meppen jedoch gerade erst wieder in die 3. Liga aufgestiegen (die es damals noch nicht gab). Vielleicht treffen sich beide Vereine wieder in der 2. Liga. Lokalpatrioten meinen über die Stadt mit ihrem hübschen Marktplatz: *In Meppen, wo die Bären steppen.* Leider reimt sich der Ort auch auf Deppen.

Mol (Belgien)

Mol ist ein Loch, aber kein Moloch

Den Spruch oben postete ich auf Social Media und 10 Leute fanden das gut. Als ich im Sommer 2021 Zeit hatte, vom Bahnhof in die Stadt zu gehen, fand ich, dass sie eigentlich städtischer ist als gedacht. Mol hat immerhin 35 000 Einwohner, also so ein kleines Loch ist Mol auch wieder nicht.

Mons

Mons-Snow

Als der alte Bahnhof von Mons um 2013 abgerissen wurde, sah ich ein altes Bahnhofsschild auf dem Kopf auf dem Bahnsteig liegen. Plätzlich war *SNOW* zu lesen.

Werden die Einwohner von Mons eigentlich Monster genannt? Von 2000-2018 war der belgische Politiker Elio di Rupo (*1951) Bürgermeister der Stadt. In dieser Zeit brachte er Mons stark voran, mit vielen neuen Museen und Kultureinrichtungen. Die Stadt war sogar 2015 Europäische Kulturhauptstadt. Frei nach dem Englischen Spruch `*If life gives you le mons, make lemonade.´*.

Mönchengladbach

Gladbach-Gladsee

Mönchengladbach, wegen seiner Textilindustrie einst *Rheinisches Manchester* genannt, wurde früher München-Gladbach geschrieben. Um eine Verwechslung mit München zu vermeiden, wurde die Schreibweise später geändert. Einst waren die Fußballvereine beider Städte auf Augenhöhe, was jedoch auch schon lange nicht mehr der Fall ist (aber wieder eintreten könnte). Zum Fußballverein sagt man oft auch nur Gladbach. Als in Bahnhofsnähe ein künstlicher See angelegt werden sollte kam man auf die Bezeichnung Gladsee.

Montabaur

In Montabaur sind sie sauer,
hält der Schnellzug nicht auf Dauer.

Die rheinland-pfälzische Kleinstadt Montabaur wurde nach dem Berg (Mons) Tabor der Bibel benannt. Weil die Schnellfahrstrecke ein Stück durch dieses Bundesland führt, bestand Rheinland-Pfalz auf einen Halt. So kam diese Kleinstadt zu einem ICE-Bahnhof. Als ich die Stadt im November 2021 besuche, poste ich in einer Wortspiel-gruppe den Satz

Wohnt a Baur in Montabaur, ist es nicht unbedingt ein Mohnanbauer. Eine Be Ma kommentiert `In Montabaur ist der Bauer auf die Dauer nicht nur am Montag sauer, er wär so gern Mohnanbauer!*

Münster

Gott sprach, es werde Licht. Und es ward Licht.
Nur in Paderborn und Münster, da blieb es finster.

Ich hatte mal eine brasilianische Freundin, die konnte sich den Stadtnamen nur als Monster merken. Eine Stadt Monster gibt es übrigens in den Niederlanden, unweit von Den Haag. Als katholisch-konservativ verschrieen, gab es einst den eingangs zitierten Spruch.

Münster gilt als deutsche Fahrradhauptstadt, aber auch als Beamten- und Pensionärsstadt. Wie Osnabrück ist Münster seit dem Westfälischen Frieden, der hier im Rathaus 1648 unterzeichnet wurde, eine Friedensstadt.

Namur

Quand on n´a que Namur

Der belgische Sänger Jacques Brel (1929-1978) ist unter anderem für sein Lied *Quand en n´a que l´amour* (Wenn man nur die Liebe hat) bekannt.

Als Corona im Frühjahr 2020 immer schlimmer wurde, wurde auch das Reisen immer schwieriger. In Belgien konnte man eine Radiowerbung auf Bussen lesen, die auf den Liedtitel anspielte, aber l´amour durch Namur ersetzte. Als man also nur noch nach Namur reisen konnte, die Hauptstadt Walloniens.

Neckarsulm

Wo Neckar und Sulm zusammenfließen
Wir diese kleine Stadt genießen.

Lange dachte ich, die unweit von Heilbronn gelegene Stadt Neckarsulm wäre eine Art Ulm am Neckar. Tatsächlich gibt es in der Altstadt einige ansehnliche historische Ensembles, wie in Ulm. Doch der Name der Stadt hat nichts mit Ulm zu tun sondern mit zwei Flüssen: dem Neckar und ihrem nicht schiffbaren Nebenfluss Sulm.

Neuss

Was gibt´s hier Neuss?
Viel Kunst, doch ohne Beuys.

Bei Neuss muss ich an den Amerikaner Neil Diamond
(*1941) denken, der einst sang `What a beautiful Noise´.
Das hört sich fast an, als würde er über die Stadt am Rhein
singen. Statt Neues Deutschland, Neuss, Rheinland. Dabei
ist Neuss sehr alt, schon die Römer waren hier. Mit der
Raketenstation und der Insel Hombroich ist Neuss heute ein
wichtiger Standort moderner Kunstmuseen.

Norden

Hoch im Norden
aber von Norddeich nach Süden,
die Stadt macht dich dennoch zufrieden.

Norden liegt ziemlich im Norden Ostfrieslands, ist aber bei weitem nicht die nördlichste Stadt Deutschlands (das ist Glücksburg in Schleswig-Holstein). Von Norddeich Mole fährt man sogar nach Süden, fährt man nach Norden.

Kommt man in Norden an, stellt man fest, dass es eine überraschend hübsche Kleinstadt ist, mit einem bunten Mix von Backstein- und Putzfassaden und vielen historischen Gebäuden.

Neustadt am Rübenberge

Der Rübenberge wohl ein Zwerge.
Ist er felsig, ist er schön?
Keiner hat ihn je gesehn.

Es gibt viele Städte im deutschen Sprachraum, die Neustadt heißen. Deshalb ist ein Zusatz nötig, wie Neustadt an der Weinstraße oder Neustadt an der Waldnaab (beide adW, anus mundi). Das niedersächsische Neustadt liegt jedoch an der Leine und das klingt nicht so gut. Deshalb hat man einen anderen Zusatz gewählt. Als ich auf einer Karte schaute, wo denn dieser Rübenberge wäre, entdeckte ich nur Flachland rund um Neustadt. Auch als ich den Ort besuchte, konnte niemand sagen, was der Rübenberge sein sollte. Waren es vielleicht Zuckerrüben, die zu einem Berg geschlichtet wurden? Der Ortsname blieb rätselhaft.

Oschatz

Oh Schatz, lass uns nach Oschatz fahren
An einem Sonnentag, 'nem klaren
Der Stadt 'nen Platz im Herzen wahren.

Oh Schatz, lass uns nach Oschatz fahren. Ob dieser Satz in
Sachsen jemals gefallen ist?
Der Marktplatz der Stadt wirkt fast wie ein Schatzkästlein,
andere Teile der Stadt sehen dagegen eher nach 0 Schatz
aus.

Oberhausen

Ein Mensch erfuhr nicht ohne Grausen
Er müsse auch nach Oberhausen (Eugen Roth).

Der bayerische Dichter Eugen Roth (1895-1976) trug die obigen Zeilen 1953 im Rathaussaal von Oberhausen vor (…um den dorthin verbannten Wesen aus seinen Werken vorzulesen). Gerhard Seyfried nennt die Stadt in seiner Deutschlandkarte *Obergrausen*. Ich selbst betitelte ein Buch zu Opernhäusern mit `Kein Opernhaus in Oberhausen´.

In Deutschland gibt es mehr als 80 Opernhäuser. Kein anderes Land hat eine größere Zahl und selbst kleine Orte wie Detmold oder Annaberg-Buchholz besitzen ein Opernhaus. Oberhausen gehört jedoch nicht dazu, obwohl der Name der Stadt fast nach Opernhaus klingt.

Oberkirch

Oberkirch hat es geschafft,
die Stadt, sie ist so sauberhaft.

Im August 2021 bin ich in Oberkirch im Schwarzwald. Dort ermahnt der *Spruch Sauberhaftes Oberkirch*, die städtischen Abfalleimer auch zu nutzen. Ein Schwabe kommentiert mein Posting des Bildes mit `*die Badener scheinen uns putzwütige Schwaben als Vorbild zu nehmen´*, eine andere mit dem Wortspiel `*Saubärhaftes Oberkirch´*.

Oldenburg (Oldb)

Das große Oldenburg in Oldenburg,
das kleinere in Holstein.
Das ist klar, so soll es sein.

Angeblich wird Oldenburg in Oldenburg (zeitweise Grafschaft, Großherzogtum, Freistaat und Land) öfters mit Oldenburg in Holstein verwechselt. Ich konnte dem Schriftsteller Walter Kaminer kaum glauben, dass ihm dies bei einer Lesung mal passiert sei. Da las ich, dass sich der Name Oldenburg aus dem slawischen Starigard (alte Burg) ableitete und dachte, was, die Slawen siedelten einst so tief im Westen? Aber es war das holsteinische Oldenburg gemeint und dieser Ort war um 800 Hauptort der slawischen Wagrier.

Osnabrück

Ich fand das ganz große Glück
Mit dir im Zug nach Osnabrück.

Osnabrück nennt sich Friedensstadt. Im Osnabrücker Rathaus wurde 1648, am Ende des Dreißigjährigen Krieges, Friede geschlossen. Am Rathaus deshalb eine Türklinke mit Taube und der Aufschrift ´Friede 1648´.

Osnabrück ist nicht der Osnabel der Fußballwelt, dennoch ein bisschen auch eine Fußballstadt. Der 1. FC Osnabrück spielt manchmal in der 3. Liga, manchmal in der 2. Bundesliga. Flapsig werden die Spieler des Vereins in den Medien auch Osnasen genannt.

Cliff & Rexonah sangen 1997 ´Ich fand das ganze große Glück mit dir im Zug nach Osnabrück´, ein nicht von jedem geliebter Song, der allerdings deutlich macht, auf was sich der Stadtname alles reimt.

Paderborn

Gott schuf im Zorn
Bielefeld und Paderborn.

In der Innenstadt, unweit vom Dom, finden sich die Quellen der Pader, deshalb der Name Paderborn.

Auf Paderborn reimt sich leider Zorn. *Gott schuf im Zorn, die Senne bei Paderborn* (ein Truppenübungsplatz), sagen Soldaten. Im Fußball sagte man auch schon, angeblich war es der Paderborner Kurzzeittrainer Effenberg, *Gott schuf in seinem Zorn, Bielefeld und Paderborn* (Fußballvereine, die nur schwer zum Erfolg zu führen sind).

Manche Studenten finden die Stadt langweilig und nennen sie *Paderboring*, andere loben sie als *Partyborn*.

Passau

In Passau pass auf den Pass auf.

Interessanterweise würde ein einziger Buchstabe aus Passau *pass auf* machen. Im Namen der Stadt ist auch der Pass enthalten, den man früher bei Grenzübertritt nach Österreich vorzeigen musste. Passau ist eine Stadt, in welcher die Studenten früher zweimal weinten. Einmal wenn es sie, zum Beispiele durch die zentrale Vergabestelle von Studienplätzen ZVS, in diese peripher gelegene, vermeintlich arg provinzielle Stadt verschlagen hatte und das zweite Mal, wenn sie, nachdem sie sich an die Überschaubarkeit dieser niederbayerischen Stadt gewöhnt hatten, hier wieder weg mussten.

Pattensen

Peine, Paris, Pattensen

In Südniedersachsen ist der Spruch *Peine, Paris, Pattensen* ein Ausdruck für einen Umweg. Peine und Pattensen liegen nämlich im Umland von Hannover und der kürzeste Weg geht natürlich nicht über Paris. Pattensen selber ist eine unbedeutende Stadt mit ein paar Fachwerkhäusern um den beschaulichen Kirchplatz. Im südlichen Umland von Hannover gilt: *und alles was se hattensen war Pattensen.*

Potsdam

Madstop Potsdam

Als ich im September 2021 im Bahnhof Potsdam eintraf postete ich folgenden Satz:

If you approach it the wrong way, it becomes a MAD STOP.

In der Tat, wenn man den Namen der Stadt andersherum liest, ergibt es Mad Stop. Potsdam wird auch *Stadt der Schlösser und Gärten* und *Filmstadt* genannt. Berliner finden die Stadt recht klein und sagen auch *Potsdorf*.

Ansonsten bietet sich die Verbindung mit Potz an. Eine Schnellumfrage der Uni Potsdam hieß zum Beispiel PotzBlitz.

Pypegale (Belgien)

Das ist Pypegale

Als ich im September 2021 versuchte, alle Städte Belgiens abzuklappern, war ich in der Provinz Westflandern zugange. Eine der letzten Städte, welche mir fehlte, war Lo-Reninge, was jedoch nicht per Bahn erreichbar war. Von Poperinge war eine längere Radfahrt nötig. Als ich jedoch im Ortsteil Pypegale angekommen war, verzichtete ich darauf, den Rest der Stadt zu sehen, denn es war ja bereits Pypegale.

Recklinghausen

Recklinghausen erzeugt kein Schrecklingsgrausen

Recklinghausen wird von Auswärtigen auch als *Schrecklingsgrausen* verballhornt. Doch so schlecht ist die Stadt gar nicht. Immerhin gibt es eine intakte, architektonisch abwechslungsreiche Altstadt, was nicht jede Ruhrgebietsstadt aufweisen kann. Vor allem im strukturschwachen nördlichen Ruhrgebiet ist das eher selten. Probleme hatte man zeitweise mit dem Namen der Nachbarstadt Marl. Damit Bahnfahrgäste nicht glaubten, in einem Stadtteil von Marl angekommen zu sein, durften früher auf den Bahnsteigen keine Marlboro-Plakate aufgehängt werden.

Sande

In Sande verlaufen

Einmal wollte ich im Urlaub in Friesland im Sande laufen, doch der Urlaub wäre beinahe im Sande verlaufen, hätte ich mich in Sande verlaufen. Verschnaufen und die Schande versaufen, wäre mir vielleicht nur geblieben.

Schwerte

Dass sich auch niemand über das werte Schwerte beschwerte.

In der kleinen Fachwerkaltstadt von Schwerte ist nicht viel los. Dass sich auch niemand über das werte Schwerte beschwerte, vielleicht auch dieses Schild dort. Ist Holzwickede eigentlich das B-Schwerte, und Iserlohn das Un-B-Schwerte?

Schotten (Hessen)

Schotten dicht,
auf ist was nicht.
Kein Lokal zum Essen
im tiefsten Osthessen.

Schotten (Vogelsbergkreis) dicht an Weihnachten 2021.
Kein Schottenrock zu sehen, keine Hostessen in Osthessen
Vorher war ich in Nidda noch nie da, jetzt ein bisschen
rumgeHungen und etwas am Salz geschlirft (bad).

Schweinfurt

`Hättest Mainfurt, hättest Weinfurt,*
Weil du führest Wein
Heißen können, aber Schweinfurt,
Schweinfurt, soll es sein! (Friedrich Rückert)

Georg Schäfer Museum in Schweinfurt

Der in Schweinfurt geborene Dichter Friedrich Rückert (1788-1866) gilt als berühmtester Sohn der Stadt. Jedoch haderte er mit dem Namen der Stadt und schrieb deshalb die eingangs zitierten Zeilen. Isst man hier ein ganzes Schwein furt, oder spricht man eher dem Wein zu? Durch eine entsprechende Industrie (z.B Fichtel&Sachs) wurde die Stadt später auch *Kugellagerstadt* genannt.

Schwerin

Schwer in, schwer in Schwerin verliebt zu sein.

Schweriner Schloss

Die Achse, die zum märchenhaften Schloss (Sitz des Landtags) führt, ist mit ihren repräsentativen Bauten einfach umwerfend und schwer in.

Siegen

Was ist schlimmer als Verlieren? Siegen.

Siegen, Standort einer Gesamthochschule hatte, besonders unter auswärtigen Studenten, die Metropolen oder gemütliche historische Studentenstädte bevorzugten, zeitweise nicht den besten Ruf (*Was ist schlimmer als ...*). Jemand bezeichnete Siegen als Stadt, die sich zum Sterben in die Berge gelegt hat. Doch Siegen wird tendenziell besser. Die Freilegung der Sieg in der Innenstadt hat das Stadtbild bereits deutlich attraktiver gemacht. Außerdem hat die Stadt eine bewegte Topografie (sieben Hügel), gekrönt von einem Schloss. Dort finden sich auch Rubensbilder. Der flämische Maler Peter Paul Rubens (1577-1640) wurde in Siegen geboren und die Stadt verleiht alle fünf Jahre einen Rubenspreis. Kenner sehen Siegen als Stadt mit hoher Lebensqualität. Hier kann man übrigens gleichzeitig bei Aldi Nord und bei Aldi Süd einkaufen, denn der *Aldi-Äquator* verläuft durch das Stadtgebiet.

Silly (Belgien)

This place is completely Silly.

Im Herbst 2021 fuhr ich extra mit dem Zug von Brüssel in den wallonischen Ort Silly. Hier gibt es wenig zu sehen, eigentlich nur einen großen Pendlerparkplatz, denn der Bahnhof ist weit vom kleinen Ortskern entfernt, und gleichzeitig pendeln hier viele nach Brüssel.

Ich dachte intuitiv *Silly, that I came here*.

Syke (bei Bremen)

The Syke is the limit.

Flügel an einer Fassade in Syke

The Syke is the limit, denn weiter raus als bis in die Nachbarstadt gehen die Bremer nicht. In Syke (Kennzeichen SY) hat der Himmel das intensive Blau der Metallflügel, mit denen man dorthin fliegen kann. Fehlt ja nur ein Buchstabe. FLY from SY to the SKY.

Ulm

In Ulm, und um Ulm und um Ulm herum.

Ulm hat einen prägnanten kurzen Stadtnamen, der zum oben zitierten milden Zungenbrecher verleitet. In Ulm wurde Albert Einstein geboren (1879-1955). Auch deshalb gibt es dort Postkarten zu kaufen mit dem Reim `A Ulmer wie I, isch ein Genie´.

Ulm ist übrigens Geburtsstadt etlicher Prominenter wie Hildegard Knef, Mike Krüger und Claudia Roth.

Unna

Unnah ist weit weg.

Als ich ein Bild von Unna poste, meint eine Leserin, der Name erinnere sie an das schwedische Wort *unna*, sich gönnen. Die örtliche Verkehrsgesellschaft heißt VKU, sie betreibt den UNNA-Verkehr. Ob es in der Stadt auch eine Unna-Bar gibt?

Varel

Vareliebe

Unweit vom Nordseeufer findet sich im niedersächsischen Varel obiger Guckrahmen. In einer Wortspielgruppe im Internet wurde das als nicht besonders originell empfunden. Mein Vorschlag *Vareliebe* gefiel besser.

Villach

Wo Villach ist, ist auch ein Weg.

Gesehen in Villach im Februar 2020

Muss man in Villach viel lachen? Auf jeden Fall scheint es dort gute Kuchen zu geben. Wo ein Wille ist, ist auch ein Weg, ist ein Lehnsprichwort aus dem Englischen (where there is a will, there is a way). Die *Welt als Wille und Vorstellung* ist wiederum eine Schopenhauer (1788-1860)-Referenz. Nicht alle Wege führen nach Villach, aber wo Villach ist, ist auch ein Weg und wo viel Lachen ist, geht man diesen Weg gerne, auch wenn man in Villach nicht in eine Vorstellung geht.

Wangen (Allgäu)

In Wangen bleibt man hangen.

Im schwäbische-alemannischen Dialekt wird aus hängen hangen und so ergibt sich der Reim, dass man in Wangen hangen bleibt. Allerdings ist die Stadt auch sehr attraktiv. Die Fußgängerzone wurde zu einer behaglichen guten - (Puppen-)Stube entwickelt. Die Pflasterung ist allerdings nicht ganz einfach für Damen, welche Stöckelschuhe mit spitzen Absätzen tragen. Mit denen kann man im Pflaster schon mal hangen bleiben. Die Redensart ist an einer Stelle der Fußgängerzone mit einem Damenschuh ergänzt, der die Doppeldeutigkeit zum Ausdruck bringt.
Es gibt übrigens mehrere Städte mit dem Namen Wangen, deshalb ergänzt man in Südwürttemberg zu Wangen im Allgäu.

Waren (Müritz)

Zu DDR-Zeiten beliebt: Waren.

Es gibt den Witz, die Stadt Waren wäre in der DDR beliebt
gewesen, da es überall an Waren fehlte. Man könnte auch
fragen: *Wo waren Sie*? An der Müritz.
Oder: *Waren, Sie da*?

Willebaldessen

Will er bald essen in Willebaldessen?

Im August 2018 war ich in Willebaldessen und der Orts-
name erinnerte mich daran, dass ich bald essen wollte. Und
so pflückte ich einen Apfel auf dem Weg zum Bahnhof.

Wiesbaden

Früh aufstehen ist wie Wiesbaden. Nicht Mainz.

Duschen ist genauso schön Wiesbaden. Das habe ich mal in einer Wortspielgruppe gelesen (Autorin Maria Schmidt) und damit konnte ich gerade eine Lücke im Ortsspielbuch schließen. Man sagt allerdings auch (zu unangenehmen Tätigkeiten, wie aufräumen, früh aufstehen etc.) *das ist wie Wiesbaden. Nicht Mainz* (meins). Die Stadt, Sitz des BKA, wird auch als Fiesbaden verballhornt. Der Fußballtrainer Helmut Schön setzte sich hier zur Ruhe und meinte *Wiesbaden, das ist meine Fünfsterne Stadt: Wasser, Wiesen, Wälder, Wein und Wohlbehagen.*
☞In Wiesbaden sitzt das Statistische Bundesamt, auch als *Buddhistisches Standesamt* verballhornt.

Wilhelmshaven

Will Gott einen so richtig bestrafen,
dann schickt er ihn nach Wilhelmshaven.

Ich hatte mal eine belgische Kollegin, die hatte in einer Statistik zu den großen Häfen der EU den Namen der Stadt zu Wilhelmshafen korrigiert. Auch in Deutschland sind viele überrascht, dass im Stadtnamen der Hafen nicht mit f geschrieben wird. Dass die Stadt nach einem preußischen König benannt wurde, zeigt auch, dass sie nicht sehr alt ist.
Durch den Niedergang hafenbezogener Wirtschaftszweige und die geringere Bedeutung der Flotte nach dem Zweiten Weltkrieg war Wilhelmshaven eine der ersten westdeutschen *Shrinking cities*. Durch die niedrigen Mieten zieht die Stadt heute eher einkommensschwache Bevölkerungsgruppen an und weist ein niedriges Durchschnittseinkommen auf (Ruf ärmste Stadt Niedersachsens zu sein).

Wolfsburg

Wolfsburg-Golfsburg

Die Autostadt Wolfsburg ist sehr abhängig von den Geschicken des Volkswagenkonzerns. *Wenn VW nießt, hat Wolfsburg einen Schnupfen*, heißt es auch. In der Stadt wird alles für das Wohlergehen der Firma getan. Als ein neues VW-Golf-Model kurz vor der Markteinführung stand, nannte sich die Stadt zeitweise auf Ortsschildern und Briefköpfen in Golfsburg um.

Worms

The worms.

Ich hatte einmal einen Kollegen aus Worms kam, der an seiner Bürotür ein Poster angebracht hatte mit Bildern der Stadt und WORMS in Großbuchstaben. Da das Arbeitsumfeld international war, dachte ich, wie wohl englischsprachige Kollegen den Stadtnamen aufnehmen würden, der auf Englisch `Würmer` bedeutet. Ein anderer Kollege wollte mit dem Satz *from the sperm to the worm* ausdrücken, dass das lebenslange Lernen eigentlich schon vor der Geburt anfängt. Zufällig sind das die Anfangsbuchstaben von Speyer und Worms.

Worms ist Mitglied in einem Verband der ältesten Städte Europas und reklamiert somit den Titel der ältesten Stadt Deutschlands. Konkurrenten um diesen Titel sind Städte wie Trier und Kempten.

Luther soll auf dem Wormser Reichstag 1521 gesagt haben *Hier stehe ich und kann nicht anders.* Kaum jedoch sagt jemand über die nicht allzu pittoreske Stadt `Hierauf stehe ich und kann nicht anders´.

Wuppertal

Über die Wupper gehen.

Eine Stadt Wuppertal gibt es erst seit 1929, seit sich die an der Wupper gelegenen Industriestädte Elberfeld und Barmen zu Wuppertal zusammengeschlossen haben. Einst waren beide Städte Rivalen, doch bald hatte Wuppertal die Oberhand. *In Barmen wohnen die Armen doch in Elberfeld da hamse Geld*, hieß es damals. Der namensprägende, relativ seichte Fluss Wupper (im Überschwemmungsjahr 2021 trat sie jedoch dramatisch über die Ufer) wird sogar sprichwörtlich eingesetzt: `über die Wupper gehen´. Mit der über den Fluss verlaufenden Schwebebahn schwebt man jedoch meistens darüber. Einst stürzte sogar ein kleiner Zirkuselefant (Tuffi) aus der Bahn in die Wupper. Er überlebte jedoch und ging nicht über die Wupper. Später wollte Loriots Lindemann unbedingt eine *Herrenboutique in Wuppertal* eröffnen. Gerhard Seyfried verballhornte den Stadtnamen in `Neues Deutschland´ zu *Wupperqual*.

Wurzen

Vor Worrzn worrzn schlächd,
nach Worrzn worrzn widdorr bässorr.

In Wurzen war der sächsische Dialekt einst stark
ausgeprägt, siehe Eingangssatz. In Wurzen wurde allerdings
auch der Dichter Joachim Ringelnatz (Dichtername von
Hans Gustav Bötticher, 1883-1934) geboren. Deshalb nennt
sich die Stadt auch Ringelnatz-Stadt und es gibt in der Stadt
ein in seinem Geburtshaus eingerichtetes Museum, sowie
Denkmäler mit Ringelnatz-Zitaten

Zürich

Zu reich?

Ist Zürich zu reich? Zürich ist auf jeden Fall eine der wirtschaftsstärksten und reichsten Städte Europas. Durch die protestantische Prägung protzt man jedoch nicht mit dem Wohlstand. Die Wohlhabenden wohnen diskret am Zürichberg oder an der (östlichen rechten) *Goldküste* des Zürichsees. Die schattigere westliche (linke) Seeseite wird auch Pfnüselküste (Schnupfenküste) genannt. Eine Idylle ist die Stadt jedoch nicht, um 1980 gab es schwere Krawalle (Züri brännt), lange fand sich in Bahnhofsnähe (Platzspitz) eine harte offene Drogenszene. Die Berner Zeitung meinte, *Zürich steht nie still, immer is(s)t einer auf dem Sprüngli* (eine Confiserie). Es gibt den Witz eines Schweizers, Schwaben und Preussen, die im Zug von Zürich nach Stuttgart sitzen. In Singen fragt der Schweizer den Preussen `Sind sie au in Züri gsi?´. Der macht eine Miene, als ob er nichts verstünde und der Schwabe übersetzt `Gwä´.

Zwickau

Zwickau die Meysel abgelegen fand
später kam von hier der Trabant.
Heute ist Made in Zwigge
ein elektrischer VW.

Zwickauer Gewandhaus im Umbau

Die Schauspielerin Inge Meysel (1910-2004) hatte ihr erstes Engagement 1930 in Zwickau, am Arsch der Welt, wie sie es selbst ausdrückte. Ob es dort auch gezwickt hat? Im sächsischen Dialekt heißt die Stadt Zwigge. Die Stadt liegt auch fast am Ende des deutschen Städtealphabets. Einst war sie Produktionsort des Trabant (Trabi), auch Rennpappe genannt. Auch Getränke aus Zwickau waren zu DDR-Zeiten nicht sehr beliebt. Zwickauer Biere wurden auch *Sterbehilfe* genannt, Zwickauer helles Bier *Soforttod*.
Heute ist die Stadt auch für das *Zwickauer Model* bekannt, Eisenbahnen, die innerstädtisch auf Straßenbahnschienen verkehren.

Weitere Bücher des Autors zu Städten (Siehe www.bod.de)

Elbflorenz und Spreeathen
555 Städtebeinamen
Books on Demand, Norderstedt 2020

Butterseelenallein
100 Städte in Baden-Württemberg und im Elsass, welche man kennen sollte.
Books on Demand, Norderstedt 2021

Tief im Westen
100 Städte im Westen Deutschlands, welche man kennen sollte
Books on Demand, Norderstedt 2021

Zeitzeeing
100 Städte in Mittel- und Ostdeutschland, welche man kennen sollte
Books on Demand, Norderstedt 2021

Von Kassel bis Kusel
100 Städte in Hessen, Rheinland-Pfalz und im Saarland, welche man kennen sollte
Books on Demand, Norderstedt 2021

Nordlichter
100 Städte in Norddeutschland, welche man kennen sollte
Books on Demand, Norderstedt 2021

Weiß-blaue Schatzkästlein
100 Städte in Bayern, welche man kennen sollte
Books on Demand, Norderstedt 2021

Puppenstube und Frittenbude
100 Städte in den Beneluxländern, welche man kennen sollte
Books on Demand, Norderstedt 2021